평범한 우리 어린이들을 다음 세대
위인으로 만들어 줄 교과서 위인 이야기!
효리원의 교과서 위인 이야기는 초등학교
교과 과정에 나오는 국내외 위인들을, 우리나라
최고 아동 문학가 53인이 재미있게 동화로 구성했습니다.
지혜와 용기로 위대한 삶을 산 위인들의 이야기는,
어린이들의 마음속에 '나도 할 수 있다.'는
희망의 씨앗을 심어 줄 것입니다!

일러두기

1. 띄어쓰기와 맞춤법 : 초등학교 국어 교과서와 국립국어원의 『표준국어대사전』을 기준으로 하였습니다.

2. 외래어 지명과 인명 : 국립국어원의 『외래어 표기 용례집』을 기준으로 하였습니다.

3. 이해가 어려운 단어 : ( ) 안에 뜻풀이를 하였습니다.

4. 작가 연보 : 연도와 함께 나이를 표기하고, 업적을 간략히 소개하였습니다. 우리나라 위인은 태어난 해를 한 살로 하였고, 외국 위인은 만 나이를 한 살로 하였습니다. 정확한 자료가 없는 위인은 연도와 업적만을 나타냈습니다.

5. 내용 구성 : 위인의 삶은 역사적 자료를 바탕으로 최대한 사실적으로 구성하였습니다. 그러나 읽는 재미를 위해 대화 글이나 배경 묘사, 인물의 감정 표현 등에 작가의 상상력을 가미하였습니다.

6. 그림 구성 : 문헌을 바탕으로 위인이 살던 시대를 충실히 나타내도록 하되 복식의 색상이나 장식, 소품, 건물 등은 작가의 상상으로 그렸습니다.

7. 내용 감수 : 각 분야의 전문가들로 구성된 편집 위원들이 꼼꼼히 감수를 하였습니다.

편집 위원

김용만(우리역사문화연구소장)
교과서에서 만나는 위인들을 중심으로 일화와 함께 그림과 사진을 곁들여 지루하지 않게 읽을 수 있습니다. 술술 읽다 보면 학교 공부에도 많은 도움이 될 것입니다.

신현득(동시인. 전 새싹회 회장)
우리가 자주 듣고 접하는 역사 속 실존 인물들이 자신의 꿈을 이루기 위해 어떻게 노력했는지 깨달아 가면서 우리 어린이들은 한층 더 성숙해질 것입니다.

윤재운(동북아역사재단 연구 위원)
위인전을 읽으면서 어린이들은 시대를 넘어 간접 체험을 할 수 있습니다. 어떻게 살아야 하는지 인생에 대한 동기 부여와 함께 삶이 보다 풍요로워질 것입니다.

이은경(철학 박사, 전북과학대 유아교육학과 교수)
한 사람의 인격과 품성은 어릴 때 형성됩니다. 따라서 초등학교 저학년 때 어떤 책을 읽느냐에 따라 생각의 크기가 달라집니다. 어린이의 미래를 위해 이 책은 꼭 읽어야 합니다.

이창열(하버드 물리학 박사, 전 국가과학기술자문회의 전문 위원)
세상을 바꾼 위대한 인물의 이야기는 어린이의 인성 및 감성 발달에 큰 영향을 미칠 뿐 아니라 실험 정신과 개척 정신을 길러 줍니다. 용기와 지혜로 세상을 헤쳐 나가는 당당한 어린이를 꿈꾼다면 이 책은 꼭 한번 읽어 보아야 합니다.

정재도(한글학자)
위인으로 일컬어지는 이들은 어떤 생각을 하고, 어떤 삶을 살았을까요? 그들의 흔적을 담은 위인전은 복잡한 현대를 이끌어 갈 우리 어린이들에게 나침반과 같은 역할을 할 것입니다.

조수철(서울대학교 의과대학 소아정신과 교수)
위인전은 시대와 신분, 업적이 다른 위인들의 삶이 다양하고 흥미롭게 구성되어 있어 손쉽게 여러 삶의 모습을 만날 수 있습니다. 용기 있게 고난을 헤쳐 나간 위인의 이야기를 통해 삶의 지혜를 배울 수 있을 것입니다.

화약을 만들어 왜구를
물리친 무기 발명가
최 무 선

김상삼 글 / 이태호 그림

 효리원
hyoreewon.com

전기문은 한 개인의 역사를 사실대로 밝혀 객관적으로 서술한 것이지, 결코 꾸며 낸 이야기가 아닙니다.

이런 특징을 살리기 위해 최무선에 대한 여러 자료들을 모아 분석했으며, 실제로 있었던 일을 객관적으로 나타내고자 최선을 다했습니다. 다만 곳에 따라 어린이들이 즐겨 읽을 수 있도록 동화 형식을 빌렸습니다.

또, 이해를 돕기 위해 최무선이 나서부터 죽을 때까지의 과정을 순서대로 써 내려갔습니다.

문체는 어린이들의 호흡과 눈높이를 생각하여 쉬운 말로 짧게 끊어 썼습니다. 최무선의 이야기를 효과적으로 읽으려면 먼저 시대적 배경을 알아보아야 합니다. 최무선의 업적은 그 시대와 관계가 깊으며, 그의 성격에 큰 영향을 주었기 때문입니다.

최무선이 그렇게밖에 할 수 없었던 상황을 바탕으로 뒤에 벌어

질 일들을 미리 예상하며 읽는 것도 중요합니다.

또, 수록된 연표를 참조해 지도를 펴 놓고 책의 내용이 전개되는 곳을 확인하는 것도 어린이들의 확실한 이해를 돕는 흥미 있는 독서 방법 가운데 하나입니다.

특히 최무선이 훌륭한 일을 하게 된 동기와 화약을 발명하게 된 과정을 살펴보고, 지은이의 견해에 대해 비판하며 책을 읽는 것도 좋은 방법입니다.

최무선이 나와 다른 점은 무엇인지, 본받을 점은 무엇인지 찾아보는 과정에서 자기만의 생각을 갖는 과학적인 태도가 길러질 것입니다. 더불어 나라와 겨레를 사랑하는 마음이 어린이들의 가슴속에 녹아 흐르게 될 것입니다.

어린 시절에 읽는 위인전은 생각을 키워 주고, 앞날을 내다보는 눈을 뜨게 해 줍니다. 위인들의 감동적이고 교훈적인 이야기가 어린이들에게 슬기로움과 더불어 용기와 꿈을 주기 때문입니다.

특히 나라를 사랑하고 백성들을 아끼는 최무선의 마음과 남다른 생각을 통해, 한글보다 영어를 먼저 배우는 요즘의 어린이들이 이 땅에 태어난 것이 얼마나 자랑스러운 일인지 깨닫는 계기를 갖게 될 것입니다. 아무쪼록 이 이야기가 여러분의 가슴속에 오래도록 큰 울림으로 남아 꿈을 이루는 발판이 되기를 바랍니다.

글쓴이 김상삼

차례

불꽃놀이

설날입니다. 고려의 서울인 개경(지금의 개성)에 어둠이 내렸습니다. 많은 사람들이 추위에 떨면서 대궐 쪽을 지켜보고 있었습니다.

오늘이 바로 불꽃놀이를 하는 날이었던 것입니다.

어둠이 짙어 갈수록 별은 더 밝게 빛났습니다. 하늘은 반짝이는 별밭이 되었습니다.

"탕, 탕, 탕."

총소리와 함께 별밭에 불꽃들이 피어났습니다. 불꽃은 꽃처럼 피었다가 잠깐 사이에 사라졌습니다. 사람들이 넋을 잃고 보는 동안, 불꽃놀이는 금세 끝났습니다.

"엄마, 불꽃놀이를 왜 조금밖에 안 해요?"

어머니 손을 잡고 구경하던 아이가 물었습니다.

바로 최무선입니다. 최무선은 경상북도 영주(지금의 영천)에서 태어났습니다. 그런데 아버지가 광흥창(벼슬아치들에게 봉급으로 줄 곡식을 관리하는 부서)에서 일하게 되어 이사를 해야 했습니다.

"화약이 없어서 그럴 거야."

"자꾸자꾸 만들면 되잖아요."

"글쎄다. 우리 고려에서는 만들지 못하나 보더라."

"왜요?"

"나도 잘 모르겠으니, 아버지께 여쭈어 보렴."

어머니의 말을 듣자마자 최무선은 얼른 아버지에게 뛰어갔습니다.

"아버지, 화약은 어떻게 만들어요?"

숨을 헐떡이며 최무선이 물었습니다.

"중국에서 만든다고 하더구나. 그래서 아버지도 잘 모르겠는걸."

"우리나라에서는 왜 못 만드는데요?"

"중국이 화약 만드는 기술을 우리 고려에 가르쳐 주지 않기 때문이지."

"왜 안 가르쳐 주지요?"

"무기로 쓰일 수 있기 때문에, 법으로 정해 다른 나라에는 가르쳐 주지 못하게 한단다."

"그렇다면 제가 자라서 화약을 만들겠어요!"

최무선은 어린아이답지 않게 주먹을 꼭 쥐며 말했습니다.

"그래 넌 생각이 깊고 호기심이 많아서 틀림없이 화약을 만들 수 있을 거야."

아버지는 최무선에게 용기를 주었습니다.

남달리 호기심이 많은 무선은, 궁금증이 일었다 하면 단 한 번도 그냥 넘어가는 법이 없었습니다.

"엄마, 왜 밤과 낮이 있어요?"

"해가 움직이니까 그렇지."

"왜 해가 움직이나요?"

"낮에는 일하라고 해가 뜨고, 밤에는 잠을 자라고 해가 진

단다.”

　“그럼 달은 왜 뜨고 지나요?”

　“어, 그건…….”

　이쯤 되면 어머니도 말문이 막혔습니다.

서당에 가서도 무선은 훈장님을 붙잡고 물었습니다.

"훈장님, 화약은 왜 불꽃을 내나요?"

"화약이 폭발하기 때문이지."

"그럼 화약은 어떻게 만들지요?"

"그건 비밀이라 아무에게도 말하면 안 된단다. 우리는 어서 공부나 하자."

훈장님은 이렇게 말했습니다.

훈장님인데 아이들 앞에서 모른다고 대답할 수는 없기 때문이었습니다.

대장간의
불꽃

궁금증이 많은 최무선에게는 신기한 것도 많았습니다. 대장간을 지나다 보니 망치질을 할 때마다 불꽃이 일어나는 것이었습니다.

'화약도 아닌데 왜 불꽃이 날까?'

최무선은 대장간에 들어가 물었습니다.

"왜 망치 끝에서 불꽃이 나지요?"

"쇠끼리 세게 부딪치면 불꽃이 납니다요."

"쇠에서 나는 저 불꽃을 모을 수는 없나요?"

최무선의 초상화 | 무기 발명가이며 장군인 최무선은 화통도 감을 설치하고 화약과 화통 · 화포 · 화전 등의 무기를 만들 었습니다.

"아이고, 안 됩니다요."

"그런데 왜 쇠에다 망치 질을 하는 거예요?"

"쇠는 망치질을 할수록 더 단단해집니다요."

"왜 더 단단해져요?"

"그걸 저희가 어찌 알겠 습니까?"

대장장이는 모른다고 했 습니다. 무선은 문득 손칼 국수를 만드는 어머니의 모습이 떠올랐습니다. 밀가루 반죽 은 뭉칠수록 더 작아지고, 치댈수록 더 차졌습니다(반죽이나 밥, 떡 따위의 끈기가 많아지는 것).

'쇠도 밀가루 반죽처럼 때릴수록 공간이 메워져 단단해지는 걸까?'

이런 궁금증을 풀기 위해 무선은 다음 날도, 또 그 다음 날

도 대장간을 찾았습니다.

"최무선은 날마다 대장간에서 논다."

동네에 퍼진 이런 소문을 듣고 어머니가 물었습니다.

"무선이 넌 어찌하여 날마다 대장간에만 가서 사는 게냐?"

"쇠에 망치질을 하면 왜 불꽃이 나고 단단해지는지 궁금해서요."

"하라는 글공부는 하지 않고, 쓸데없는 짓만 계속할 테냐?"

"이게 다, 제 꿈을 이루기 위해서예요."

"네 꿈이 뭔데?"

"과학자가 되어 화약을 만드는 거예요."

최무선이 당당하게 말했습니다.

곁에 있던 아버지가 빙그레 웃으며 물었습니다.

"무선아, 망치질을 하면 왜 쇠가 단단해진다고 생각하느냐?"

"밀가루 반죽을 주무르면 틈이 메워져 작아지고 단단해지는 것처럼, 쇠도 그런가 봐요."

"우리 꼬마 장군이 모르는 게 없구나."

아버지는 최무선을 '꼬마 장군'이라고 불렀습니다.

그 시절에는 마을끼리 '돌싸움 전쟁놀이'를 많이 했습니다. 그런데 진짜 돌을 쓰면 다치니까 솔방울로 대신했습니다. 회초리가 칼이었고, 화살은 수수깡이었습니다.

병서(군사를 지휘하여 전쟁하는 방법을 담은 책)를 읽은 최무선은 책에 나오는 장면처럼 전쟁놀이를 했습니다.

준비해 두었던 솔방울이 바닥나면 무선은 움푹한 곳에 엎드렸습니다.

그러다가 칼을 들고 뛰어가는 척했습니다. 그때마다 솔방울이 수도 없이 날아왔습니다.

그러면 상대편 솔방울은 줄어들고, 무선이네는 많아졌습니다. 무선은 늘 이런 꾀로 전쟁놀이에서 이겨 '꼬마 장군'이 되었습니다.

최무선은 과학책도 좋아했습니다. 어느 날은, 중국에서 펴낸 책을 보다가 도르래라는 것을 알게 되었습니다.

'그래! 이 도르래를 우물에 달면 아주 편리하겠구나.'

최무선은 도르래를 만들어 우물에 달았습니다. 수도가 없었던 당시에는 두레박으로 물을 길어 올렸는데, 줄을 놓치기라도 하면 그만 두레박이 우물 속으로 풍덩 빠져 버렸습니다. 그런데 도르래를 만들어 줄 양쪽에 두레박을 매달고부터는 물을 쉽게 퍼올릴 수 있었습니다.

더 이상 두레박을 빠뜨리는 일도 없었습니다.

"무선이는 어떻게 이런 걸 만들 생각을 했을까?"

"글쎄, 크게 될 인물은 떡잎부터 다르다고!"

마을 아낙네들은 최무선이 크게 될 인물이라고 믿었습니다.

거듭된 실패

최무선은 어느덧 청년이 되었습니다. 그 무렵, 왜구의 노략질은 한층 더 심해지고 있었습니다.

'왜구를 물리치려면 화약 무기가 필요한데…….'

최무선은 화약을 이용한 무기를 상상해 보았습니다.

끊임없는 상상이 마침내 실천으로 옮겨졌습니다.

긴 통에 화약과 쇠를 넣고, 심지에 불을 붙여 던지는 무기였습니다. 이 무기를 '불통'이라 불렀습니다. 하지만 화약이 없었기 때문에 불통은 쓸모가 없었습니다.

'어떻게 하면 이 불통을 전쟁에서 사용할 수 있을까?'

긴 생각 끝에 최무선은 최영 장군을 찾아갔습니다.

"제가 만든 불통으로 장군님 밑에서 싸울 수 있도록 해 주십시오."

최무선은 큰절을 올리고는 불통에 대해 설명했습니다.

"나도 불통을 보고 싶으나, 지금은 전쟁터에 나가는 길이니 군기감(군에서 쓸 무기를 만들고 보관하는 곳)에서 일하도록 하시오."

이렇게 해서 최무선은 군기감에서 일하게 되었습니다. 그곳에서 최무선은 처음으로 화약을 보았습니다.

"야, 이게 바로 화약이로구나!"

최무선의 가슴이 쿵쿵 뛰었습니다. 어려서부터 품어 온 꿈이 새롭게 부풀었습니다.

최무선은 군기감에 있는 책을 읽다가 깜짝 놀랐습니다. '화약은 진토(먼지 많은 흙)를 끓여 만든 염초(화약이나 비료를 만드는 원료)에 유황과 숯을 넣어 만든다.'는 글 때문이었습니다.

"그래, 이제 내 손으로 화약을 만들어 보자."

최무선은 당장 화약을 만들어 보려고 집으로 달려갔습니다. 그는 하인들을 시켜 진토를 모아 오게 했습니다. 그리고 그 진토를 가마솥에 넣고 펄펄 끓였습니다. 최무선은 밤을 새워 가며 직접 불을 땠습니다. 그러나 날이 밝아 솥을 열어 보니 염초는 없고 흙만 남아 있었습니다.

최무선은 하인들에게 담 밑의 흙을 가져오게 하여, 다시 실험을 해 보았습니다. 그러나 또 실패였습니다. 이번에는 정낭

(옛날 화장실)의 흙을 가져오도록 했습니다.

   그러나 염초는 여전히 나오지 않았습니다. 무선은 몇 날을
두고 실패만 거듭했습니다.

"화약이 검은 건 재를 넣어서 그런 게 아닐까?"

최무선은 진토에 재를 넣어 보았습니다.

마루 밑의 흙에 정낭 흙을 섞어 보기도 했습니다.

그래도 헛일이었습니다. 최무선은 화약 기술자를 만나고 싶었습니다.

'중국에만 있다는 화약 기술자를 만나려면 우선 중국말을 배워야 해.'

최무선은 중국말을 배웠습니다. 그리고 중국 사람을 만나기 위해 벽란도에 자주 갔습니다. 예성강 아래쪽의 벽란도에는 중국 장사꾼들이 많이 드나들었습니다. 최무선은 배에서 내리는 중국 사람에게 중국말로 인사를 건넸습니다.

"먼 길 오시느라 수고하셨습니다."

"예, 그런데 누구신지요?"

"혹시 화약에 대해 아시면, 도움 말씀을 좀 들으려고요."

"화약이라고요? 난 전혀 모르오."

만나는 사람들마다 고개를 저었습니다. 그래도 최무선은 포기하지 않고 벽란도에 가서 큰 배를 기다리다가, 중국 사람이 보이면 달려가 화약에 대해 묻곤 했습니다.

이루어진 꿈

인삼을 거두어들이는 가을이 되었습니다.

최무선은 커다란 중국 배가 들어온다는 소문을 듣고 벽란도로 갔습니다. 큰 배에서 많은 사람들이 내렸습니다. 그중에는 서당에서 함께 글공부를 했던 친구도 있었습니다.

"친구, 반갑네!"

"아니, 무선이 아닌가!"

둘은 오랜만에 손을 마주 잡았습니다.

"듣기로, 자네가 중국을 오가며 장사를 한다던데……."

"그래, 그렇다네."

"그럼 화약에 대해 가르쳐 줄 만한 사람도 알겠군."

"가만, 배에서 얼핏 듣자니 '이원'이라는 이가 화약에 대해 잘 안다는 것 같던데? 아, 바로 저 사람일세."

무선의 친구가 키 작은 사람을 가리키며 말했습니다.

최무선은 이원에게 다가가 공손히 인사를 했습니다.

"어서 오십시오. 먼 길에 수고 많으셨습니다."

"누구신지……. 저를 아십니까?"

"저는 최무선이라고 합니다. 선생님을 모시고 공부하고 싶은 게 있어서요."

최무선은 이원을 자기 집으로 모셨습니다.

당장이라도 화약에 대해 묻고 싶었지만 꾹 참았습니다. 다짜고짜 화약 이야기를 꺼내면 금세 가 버릴 것 같았기 때문이었습니다.

무선은 날마다 맛있는 술과 음식을 대접하며 친분을 쌓아 나갔습니다.

며칠이 지나자 이원이 먼저 물었습니다.

"이 집에서는 왜 유황 냄새가 납니까? 버드나무 숯은 또 무엇에 쓰시는 겁니까?"

"사실은 제가 화약을 만들려고 연구하고 있습니다."

최무선은 실험에 대해 적어 놓은 장부를 펼쳐 보였습니다. 장부를 보며 이원은 고개를 끄덕였습니다. 그때를 놓치지 않고 최무선은 그동안 참아 왔던 말을 털어놓았습니다.

"선생님, 저에게 화약 만드는 법을 좀 가르쳐 주십시오."

"무슨 소리요? 난 화약을 만들 줄 모르오."

"선생님이 화약 기술자라는 걸 알고 있습니다."

최무선의 말을 듣고 이원은 깜짝 놀랐습니다.

그 무렵, 이원이 사는 중국 땅에서는 명나라와 원나라가 싸우고 있었습니다. 이 때문에 화약 기술자를 서로 데려가려고 찾아다녔습니다.

'이러다간 목숨을 지키기 어렵겠다. 일단 몸을 피하자.'

이원은 이런 생각에서, 아버지가 만든 붓을 팔러 간다는 핑계를 대고 고려에 온 것이었습니다.

"왜 하필 위험한 화약을 만들려고 합니까?"

최무선은 집을 불태우고, 죄 없는 사람을 죽이는 왜구들에 대해 설명했습니다.

하루 종일 생각에 잠겨 있던 이원이 마침내 화약 만드는

법을 가르쳐 주었습니다. 백성을 위하는 최무선의 마음이 이 원을 감동시켰던 것입니다.

최무선은 곧 항아리에 진토와 물을 넣고 막대로 저었습니다. 흙탕물 위로 찌꺼기가 둥둥 떴습니다. 찌꺼기를 건져 내고 몇 번 씻은 뒤에 가마솥에 넣고 끓였습니다. 아침이 되자 흙만 남았습니다.

흙 속에 물기 어린 염초 알갱이가 보였습니다.

그것을 초벌구이 질그릇에 넣고 구워 물기를 없애니 화약이 되었습니다.

"야, 드디어 성공했구나!"

최무선은 아이처럼 좋아하며 펄쩍펄쩍 뛰었습니다.

온 세상을 다 얻은 것만큼이나 기뻤습니다. 어릴 때의 꿈을 마침내 이룬 것입니다.

화통도감

왜구들의 노략질로 백성들은 늘 불안했습니다.

하루빨리 왜구를 쫓아내야 한다는 생각에 최무선은 도당(의정부)으로 달려갔습니다.

"제가 만든 이 화약을 써서 왜구를 물리치십시오."

최무선은 대신들 앞에 화약 봉지를 내밀었습니다.

"이렇게 조금으로 어떻게 왜구를 물리친단 말이오?"

"화약을 만들고 보관할 수 있도록 '화통도감'을 마련해 주시면 많이 만들겠습니다."

"알겠소. 전하께 말씀드릴 테니 일단 돌아가시오."

최무선은 기뻤습니다.

그런데 얼마 뒤에 왕비가 세상을 떠났습니다. 우왕은 슬픔을 이기지 못해 도당에는 나가지 않고 술로 하루하루를 보냈습니다. 화통도감도 만들어 주지 않았습니다.

기다림에 지친 최무선이 다시 도당에 가서 화통도감에 대해 물었습니다. 그러자 대신들이 대답했습니다.

"화통도감을 만들기로 결정하였으니, 당장이라도 화약을 만드시오."

"화통도감이 생긴다 해도, 갑자기 많은 화약을 만들 수는 없으니 중국에서 가져와야 합니다."

나라에서는 최무선의 말을 듣고 원나라에 사신을 보냈습니다. 그러나 헛일이었습니다. 원나라에도 화약이 부족했기 때문입니다. 다시 명나라에 사신을 보냈습니다. 명나라는 고려를 자기들 편으로 끌어들이려고 애쓰던 때라 화약을 많이 나누어 주었습니다.

화약이 넉넉해지자 최무선은 커다란 화포를 만들었습니다.
그러나 화약의 힘을 견디지 못하고 화포가 갈라졌습니다.

'어떻게 만들면 화약의 힘을 견딜 수 있을까?'

최무선은 뜬눈으로 밤을 보냈습니다.

새날이 밝을 때쯤 종소리가 들려왔습니다. 은은한 종소리를
듣는 순간, 최무선에게 멋진 생각이 떠올랐습니다.

'종은 아무리 커도 때리면 소리가 날 뿐 깨지지 않지!'

날이 밝자마자 최무선은 종 만드는 기술자를 불렀습니다.
기술자는 쇳물과 구리를 녹여 화포를 만들었습니다. 그랬더
니 화포는 갈라지지 않았습니다.

최무선은 화포를 많이 만들었습니다.

화포를 실을 수 있는 큰 배도 만들었습니다. 주화(오늘날의 로켓), 화전(불화살), 화구(수류탄) 그리고 작고 빠른 배 '화룡선'도 만들었습니다. 화통도감에서 만든 무기만 해도 모두 50가지가 넘었습니다.

불바다가 된
진포

1380년 8월이었습니다. 진포(지금의 군산 앞바다)로 왜구의 배 500척이 쳐들어왔습니다.

나라에서는 나세 장군에게 도원수(군의 우두머리)라는 자리를 맡겨 왜구를 물리치도록 했습니다.

최무선은 부원수로서 배 100척을 이끌고 진포로 향했습니다. 진포에 도착해 보니, 왜구의 배가 빽빽하게 진포 앞바다를 덮고 있었습니다. 그 모습을 보고 최무선은 빙그레 웃었습니다. 배를 묶어 놓아 화포를 쏘기에 좋았기 때문입니다.

"파도에 부딪히지 말라고 배를 묶어 놓았군. 하늘이 도우신 거야."

최무선은 이렇게 중얼거리며 공격 명령을 내렸습니다.

북소리가 '둥둥둥' 울렸습니다. 뒤이어 화포 300개가 일제히 불을 뿜었습니다.

"꽝! 꽝! 꽝!"

진포 앞바다는 화포 소리로 요란했습니다. 묶여 있던 왜구의 배가 한꺼번에 불탔습니다. 짙은 연기가 하늘을 뒤덮었습니다.

왜구들은 처음 보는 화포 앞에서 꼼짝도 못했습니다.

왜구들은 급한 나머지 육지로 도망쳤습니다. 산을 타고 내려가던 왜구

최무선이 만든 화포 | 철로 된 통 속에 탄환을 넣고, 화약의 힘으로 발사하는 무기입니다. 전쟁기념관 역사실에 전시되어 있습니다.

들이 황산(지금의 남원 근처)에 머물자 최무선은 이성계를 도와 이들을 물리치러 갔습니다.

"쾅! 쾅! 쾅!"

화포 소리에, 왜구들은 싸울 생각도 못 하고 도망치기 바빴습니다. 숨어 있던 고려 군사들이 뒤쫓아가 왜구를 무찔렀습니다. 화포가 있는 곳에서는 언제나 승리뿐이었습니다.

대마도 정벌

대마도는 우리나라와 가장 가까이에 있는 일본의 섬입니다. 그곳은 섬이라 농사지을 땅이 적어, 늘 먹을 것이 부족했습니다. 처음에는 대마도 사람들이 우리 땅으로 건너와 도둑질을 하더니, 차츰 노략질을 일삼았습니다.

고려에서는 대마도에 김일을 사신으로 보냈습니다.

"우리나라에 와서 노략질을 했다는 증거요. 보시오!"

김일은 장부를 내밀며 대마도 우두머리에게 따졌습니다.

"우리는 노략질하라고 시키지 않았소."

"아이가 잘못을 하면, 시키지 않았어도 부모가 책임을 져야지요."

"미안합니다. 다시는 그런 일이 없도록 하지요."

대마도 우두머리는 사과를 하는 척했습니다.

그 뒤, 대마도에서도 후지라는 사람을 우리나라에 사신으로 보냈습니다. 사신은 그동안 저지른 잘못에 대해 용서를 빌었습니다. 그러고는 고려에서 살기를 간절히 원했습니다. 고려는 그들이 불쌍해 받아 주었습니다. 그런데 알고 보니 그들은 고려 사정을 살펴 대마도에 알리는 간첩이었습니다.

후지 덕분에 왜구는 우리나라에 대

해 잘 알게 되어 이제 마음놓고 노략질을 일삼았습니다. 진포에서 패한 뒤에도 노략질을 멈추지 않았습니다.

백성들이 불안해하며 바닷가를 떠나자, 나라에서는 대마도를 정벌하기로 했습니다.

그때 최무선은 화통도감을 없앤 서운함으로 고향에 가 있었습니다. 그러나 우왕의 부름을 받고 원수(우두머리 장수)인 박위를 도와 대마도로 향했습니다. 대마도 땅 모양을 잘 모르므로 한밤중에 공격하기로 했습니다. 북두칠성이 많이 기울었습니다. 대마도는 깊은 어둠 속에 검게 누워 있었습니다.

고려 배 100척은 불을 끈 채 항구로 들어갔습니다.

짙은 어둠 속에서 북소리가 울렸습니다.

뒤이어 화포가 불을 뿜었습니다.

"꽝! 펑!"

어둡던 대마도 하늘이 불빛으로 번쩍거렸습니다.

배가 불타며 항구는 불바다가 되었습니다. 우리 수군은 뛰어나오는 왜구들을 향해 화살을 퍼부었습니다.

신기전 | 세계에서 가장 오래 된 로켓 추진 화살입니다. 화약을 장치하거나 불을 매달아 쏘는데, 주로 신호용으로 사용되었습니다.

　수많은 왜구들의 시체가 바닷가에 가득했습니다. 겁에 질린 왜구는 이내 항복을 했습니다.

　앞으로 노략질을 하지 않겠다는 다짐을 받은 박위는, 끌려 갔던 고려 백성들을 데리고 돌아왔습니다. 우리나라 역사에 빛나는 승리였습니다.

대를 이은
화약 연구

그 당시 고려는 두 패로 나뉘어 있었습니다. 한 패는 이성계를 따랐고, 다른 한 패는 최영 장군을 따랐습니다.

이성계는 군사의 힘으로 권력을 잡았습니다. 그 뒤로 이성계는 임금님도 자기 마음대로 바꾸었습니다. 최영 장군의 목숨도 앗았습니다.

평소에 최영 장군을 존경하던 최무선은 아주 슬펐습니다.

"세상이 이래서는 안 되는데……."

최무선은 이성계가 하는 일이 마음에 들지 않았습니다.

최무선이 화약으로 유명해지자 그를 미워하는 무리들이 생겨났습니다. 더욱이 최무선이 이성계가 아닌 최영 장군을 따른다는 것을 알고 화통도감을 없애 버렸습니다.

'화약과 무기 만드는 기술은 어쩌지?'

최무선은 안타까웠습니다. 그렇다고 아직 어린 아들에게 알려 줄 수도 없었습니다. 남에게 가르쳐 줄 수도 없었습니다. 왜구나 오랑캐에게 전해지면 큰일이니까요.

'내 아들 해산이 크면 알 수 있도록 책으로 남기자.'

최무선은 깊은 생각 끝에 책을 만들었습니다. 바로 『화약 수련법』과 『화포법』이 그것입니다.

책을 완성한 최무선은 부인에게 말했습니다.

"이 책을 잘 보관했다가 해산이 자라거든 주시오. 그때까지 다른 누구도 절대 보면 안 되오."

최무선은 책들을 아내에게 맡겼습니다.

그 뒤 이성계는 고려의 왕을 비롯해 많은 사람들을 죽였습니다. 이를 몹시 슬퍼하던 최무선은 결국 몸져눕고 말았습니다.

최무선함 | 1993년에 만들어진 우리나라 세 번째 잠수함. 무기 발명가 최무선의 이름을 따서 지었습니다.

그러다가 과학자요, 발명가요, 장군이었던 최무선은 가족들이 지켜보는 가운데 조용히 눈을 감았습니다.

최무선이 세상을 떠난 뒤, 이성계는 최무선에게 '의정부 영성부원군'이라는 시호를 내렸습니다.

아들 해산은 아버지가 남긴 책으로 열심히 연구를 해서 성능이 뛰어난 화약과 화차를 비롯한 무기들을 아주 많이 만들어 냈습니다. 대를 이은 발명이었습니다. ✿

연 대	발 자 취
1328년(1세)	경상북도 영주(지금의 영천)에서 태어나다.
1337년(10세)	말타기를 배우다.
1350년(23세)	왜구가 침입하자 총통을 만들어 실험 발사하다.
1351년(24세)	자신이 만든 총통으로 화전을 발사하다.
1358년(31세)	화약을 만들기 위한 연구를 본격적으로 시작하다.
1372년(45세)	화약 만드는 방법을 알아 내고, 화전 발사 실험을 하다.
1373년(46세)	큰 배를 만들고, 그 배에서 화포 발사에 성공하다.
1377년(50세)	화통도감이 설치되어 우두머리가 되다. 화약과 무기를 만들고 관리하다.
1380년(53세)	진포에 왜구가 쳐들어오자, 부원수로 100척의 배를 이끌고 나가 500척의 왜구를 크게 이기다. 아들 해산이 태어나다.
1383년(56세)	다시 쳐들어온 왜구를 관음포 앞바다에서 크게 무찌르다.
1388년(61세)	이성계가 위화도에서 돌아와 실권을 잡다. 최무선을 미워하는 무리들의 주장으로 화통도감이 폐지되다.
1389년(62세)	왜구의 근거지인 대마도를 정벌하는 데 참가하여 큰 공을 세우다. 평생 연구한 화약과 무기에 대한 기술을 『화약 수련법』과 『화포법』이라는 책으로 남기다.
1393년(66세)	이성계가 조선을 세우고 벼슬을 내렸으나, 나이가 많다는 이유로 사양하다.
1395년(68세)	세상을 떠나다. 그 후 이성계가 최무선에게 '의정부 영성부원군'의 시호를 내리다.

1. 어린 시절, 어머니와 함께 불꽃놀이를 본 후부터 최무선이 장차 자기 손으로 만들고야 말겠다고 결심했던 것은 무엇인가요?

2. 다음 글은 최무선이 화약을 만든 뒤에 있었던 일입니다. ( ) 안에 들어 갈 말은 무엇인가요?

"제가 만든 이 화약을 써서 왜구를 물리치십시오."
최무선은 대신들 앞에 화약 봉지를 내밀었습니다.
"이렇게 조금으로 어떻게 왜구를 물리친단 말이오?"
"화약을 만들고 보관할 수 있도록 '(   )'을 마련해 주시면 많이 만들겠습니다."
"알겠소. 전하께 말씀드릴 테니 일단 돌아가시오."
최무선은 기뻤습니다.

3. 왜구가 우리나라에 건너와 노략질을 일삼자 우왕은 고향에 내려가 있던 최무선을 불러 박위와 함께 이를 해결하도록 하지요. 이때 최무선이 우리 백성들을 보호하고자 왜구를 정벌하러 간 곳은 어디였나요?

4. 다음 글을 읽고 자신이라면 어느 쪽 편에 설 것인지, 그리고 그처럼 마음먹은 까닭은 무엇인지 설명해 보세요.

그 당시 고려는 두 패로 나뉘어 있었습니다. 한 패는 이성계를 따랐고, 다른 한 패는 최영 장군을 따랐습니다.

이성계는 군사의 힘으로 권력을 잡았습니다. 그 뒤로 이성계는 임금님도 자기 마음대로 바꾸었습니다.

최영 장군의 목숨도 앗았습니다. 평소에 최영 장군을 존경하던 최무선은 아주 슬펐습니다.

"세상이 이래서는 안 되는데……."

최무선은 이성계가 하는 일이 마음에 들지 않았습니다.

5. 최무선이 화약을 만들어 공을 세우자 질투하는 사람들이 생겨났습니다. 이들에게 해 주고 싶은 말을 써 보세요.

6. 다음 글을 읽고 최무선에게 배울 점이 무엇인지 자신의 생각을 써 보세요.

"왜 하필 위험한 화약을 만들려고 합니까?"

최무선은 집을 불태우고, 죄 없는 사람을 죽이는 왜구들에 대해 설명했습니다.

하루 종일 생각에 잠겨 있던 이원이 마침내 화약 만드는 법을 가르쳐 주었습니다. 백성을 위하는 최무선의 마음이 이원을 감동시켰던 것입니다.

(중략)

아침이 되자 흙만 남았습니다. 흙 속에 물기 어린 염초 알갱이가 보였습니다. 그것을 초벌구이 질그릇에 넣고 구워 물기를 없애니 화약이 되었습니다.

"야, 드디어 성공했구나!"

최무선은 아이처럼 좋아하며 펄쩍펄쩍 뛰었습니다. 온 세상을 다 얻은 것만큼이나 기뻤습니다. 어릴 때의 꿈을 마침내 이룬 것입니다.

1. 화약

2. 화통도감

3. 대마도

4. 예시 1 : 나는 최영 장군의 편에 설 것이다. 충성을 바치던 나라와 임금님을 배신하는 것은 나쁜 일이기 때문이다. 잘못된 점이 있다면 고치려고 노력해야지, 뒤집어엎을 생각부터 하는 것은 좋지 않다고 생각한다.
   예시 2 : 나는 이성계의 편에 설 것이다. 나라를 튼튼하게 하여 외부 침략을 막아 내고 백성들을 편안하게 살도록 해 주는 것은 나쁜 일이 아니라고 생각한다. 그러므로 나는 이성계의 결단력에 찬성한다.

5. 예시 : 나라를 위해 좋은 일을 하려는 최무선의 마음을 몰라주다니, 성숙하지 못한 행동이다. 다른 사람의 공을 칭찬하고, 힘을 합해 나라를 발전시키려는 마음을 가져야 모두가 잘살 수 있다. 그런데 그런 마음을 가지기는커녕 질투를 하니, 참으로 한심하다. 최무선에게 사과하고, 힘을 합해 모두를 위해 일하라고 말해 주고 싶다.

6. 예시 : 최무선은 어릴 때부터 무슨 일이든 호기심을 가지고 끈질기게 연구했다. 그런 꾸준함은 정말 존경스러운 태도로서, 무엇보다도 우리가 배워야 할 점이라고 생각한다. 또한, 어떻게 하면 나라에 도움이 될 무기를 만들 수 있을까 고민하는 모습에서는 애국심을 배울 수 있었다.

최무선
(1328~1395)

신사임당
(1504~1551)

한사(1543~

황희
(1363~1452)

이이
(1536~1584)

이순(1545~

광개토
태왕
(374~412)

연개
소문
(?~666)

장보고
(?~846)

세종
대왕
(1397~1450)

허준
(1539~1615)

오성
한음
(오성)
1618 /
한음 변
1613)

장영실
(?~?)

을지문덕
(?~?)

김유신
(595~673)

대조영
(?~719)

왕건
(877~943)

강감찬
(948~1031)

유성룡
(1542~1607)

허준
동으
완성
(1610)

고구려
살수
대첩
(612)

견훤
후백제
건국
(900)

고려
강화로
도읍
옮김
(1232)

문익점
원에서
목화씨
가져옴
(1363)

병자
호란
(1636)

신라
삼국
통일
(676)

궁예
후고구려
건국
(901)

최무선
화약
만듦
(1377)

상평
통보
전국
유통
(1678)

고조선
건국
(B.C. 2333)

철기
문화
보급
(B.C.
300년경)

고조선
멸망
(B.C. 108)

고구려
불교
전래
(372)

신라
불교
공인
(527)

대조영
발해
건국
(698)

장보고
청해진
설치
(828)

왕건
고려
건국
(918)

귀주
대첩
(1019)

윤관
여진
정벌
(1107)

개경
환도,
삼별초
대몽
항쟁
(1270)

조선
건국
(1392)

훈민
정음
창제
(1443)

임진
왜란
(1592~1598)

한산도
대첩
(1592)

B.C.	선사 시대 및 연맹 왕국 시대		A.D.	삼국 시대		698 남북국 시대	918	고려 시대		1392	
2000	500	400	300	100	0	300	500	600	800	900	1000	1100	1200	1300	1400	1500	160

| B.C. | 고대 사회 | | A.D. 375 | | 중세 사회 | | 1400 | |

중국
황하
문명
시작
(B.C.
2500년경)

인도
석가모니
탄생
(B.C. 563년경)

알렉
산더
대왕
동방
원정
(B.C. 334)

크리
스트교
공인
(313)

수나라
중국
통일
(589)

이슬람교
창시
(610)

러시아
건국
(862)

거란
건국
(918)

제1차
십자군
원정
(1096)

테무친
몽골
통일
칭기즈
칸이 됨
(1206)

원 멸망
명 건국
(1368)

잔
다르크
영국군
격파
(1429)

코페르니
쿠스
지동설
주장
(1543)

독(30
전(1618

게르만
민족
대이동
시작
(375)

수 멸망
당나라
건국
(618)

송 태종
중국
통일
(979)

원 제국
성립
(1271)

구텐
베르크
금속
활자
발명
(1450)

도요토미
히데요시
일본
통일
(1590)

영(청
혁(1642

로마
제국
동서로
분열
(395)

뉴
만
인
법
발
(1665

석가모니
(B.C. 563?~
B.C. 483?)

예수
(B.C. 4?~
A.D. 30)

칭기즈 칸
(1162~1227)

주시경
(1876~1914)

김구
(1876~1949)

정약용
(1762~1836)

김정호
(?~?)

안창호
(1878~1938)

안중근
(1879~1910)

우장춘
(1898~1959)

유관순
(1902~1920)

방정환
(1899~1931)

윤봉길
(1908~1932)

이중섭
(1916~1956)

백남준
(1932~2006)

이태석
(1962~2010)

최제우
동학
창시
(1860)

강화도
조약
체결
(1876)

동학
농민
운동,
갑오
개혁
(1894)

을사
조약
(1905)

8 · 15
광복
(1945)

6 · 29
민주화
선언
(1987)

이승훈
천주교
전도
(1784)

김정호
대동여
지도
제작
(1861)

지석영
종두법
전래
(1879)

갑신
정변
(1884)

대한
제국
성립
(1897)

헤이그
특사
파견,
고종
퇴위
(1907)

한일
강제
합방
(1910)

3 · 1
운동
(1919)

어린이날
제정
(1922)

윤봉길 ·
이봉창
의거
(1932)

대한
민국
정부
수립
(1948)

6 · 25
전쟁
(1950~1953)

10 · 26
사태
(1979)

서울
올림픽
개최
(1988)

북한
김일성
사망
(1994)

의약
분업
실시
(2000)

조선 시대 | 1876 개화기 | 1897 대한 제국 | 1910 일제 강점기 | 1948 대한민국

1700 | 1800 | 1850 | 1860 | 1870 | 1880 | 1890 | 1900 | 1910 | 1920 | 1930 | 1940 | 1950 | 1970 | 1980 | 1990 | 2000

근대 사회 | 1900 | 현대 사회

미국
독립
선언
(1776)

프랑스
대혁명
(1789)

청 · 영국
아편
전쟁
(1840~1842)

미국
남북
전쟁
(1861~1865)

베를린
회의
(1878)

청 ·
프랑스
전쟁
(1884~1885)

청 · 일
전쟁
(1894~1895)

헤이그
평화
회의
(1899)

영 · 일
동맹
(1902)

러 · 일
전쟁
(1904~1905)

제1차
세계
대전
(1914~1918)

러시아
혁명
(1917)

세계
경제
대공황
시작
(1929)

제2차
세계
대전
(1939~1945)

태평양
전쟁
(1941~1945)

국제
연합
성립
(1945)

소련
세계
최초
인공위성
발사
(1957)

제4차
중동
전쟁
(1973)

소련
아프가니
스탄
침공
(1979)

미국
우주
왕복선
콜럼비아
호 발사
(1981)

독일
통일
(1990)

유럽
11개국
단일
통화
유로화
채택
(1998)

미국
9 · 11
테러
(2001)

워싱턴
(1732~1799)

링컨
(1809~1865)

가우디
(1852~1926)

라이트
형제
(형, 윌버
1867~1912 /
동생, 오빌
1871~1948)

아문센
(1872~1928)

헬렌
켈러
(1880~1968)

테레사
(1910~1997)

마틴
루서 킹
(1929~1968)

스티븐
호킹
(1942~2018)

오프라
윈프리
(1954~)

페스탈
로치
(1746~1827)

나이팅
게일
(1820~1910)

슈바이처
(1875~1965)

만델라
(1918~2013)

스티브
잡스
(1955~2011)

모차
르트
(1756~1791)

파브르
(1823~1915)

아인슈
타인
(1879~1955)

빌
게이츠
(1955~)

나폴
레옹
(1769~1821)

노벨
(1833~1896)

마리
퀴리
(1867~1934)

에디슨
(1847~1931)

간디
(1869~1948)

2023년 6월 25일 2판 4쇄 펴냄
2014년 1월 10일 2판 1쇄 펴냄
2008년 3월 10일 1판 1쇄 펴냄

펴낸곳 (주)효리원
펴낸이 윤종근
글쓴이 김상삼 · **그린이** 이태호
사진 제공 중앙포토
등록 1990년 12월 20일 · **번호** 2-1108
우편 번호 03147
주소 서울시 종로구 삼일대로 457, 406호
전화 02)3675-5222 · **팩스** 02)765-5222

이메일 hyoreewon@hyoreewon.com
홈페이지 www.hyoreewon.com